드림중국어 YCT 3급 단어 300 (회화 포함)

梦想中国语 YCT 3 级单词 300 (含会话)

드림중국어 YCT 3급 단어 300 (회화 포함)

梦想中国语 YCT 3 级单词 300 (含会话)

종이책 제 1 판 발행 2021 년 1 월 11 일
전자책 제 1 판 발행 2021 년 1 월 11 일

저자:	류환 (刘欢)
디자인:	曹帅
발행인:	류환
발행처:	드림중국어
주소:	인천 서구 청라루비로 93, 7 층
이멜:	5676888@naver.com
등록번호:	654-93-00416
등록일자:	2016 년 12 월 25 일

종이책 ISBN: 979-11-91285-04-8 (13720)
전자책 ISBN: 979-11-91285-07-9 (15720)

값: 15,000 원

이책은 저작권법에 따라 보호받는 저작물이므로 무단복제나 사용은 금지합니다. 이 책의 내용을 이용하거나 인용하려면 반드시 저작권자 드림중국어학원의 서면 동의를 받아야 합니다. 잘못된 책은 교환해 드립니다.

드림중국어 원어민 수업 체험 예약 (30 분)

QR 코드를 스캔해서 중국어 체험 수업 신청하세요.

(네이버 아이디로 들어감)

ZOOM 1:1 수업, 휴대폰/태블릿/컴퓨터로 수업 가능

예약 후 자세한 수업 방법을 알려 드립니다.

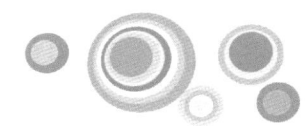

<목 록> (YCT 3급 단어 1-300)

단어 1-50 1

단어 51-100 4

단어 101-150 7

단어 151-200 10

단어 201-250 12

단어 251-300 15

<목 록> (YCT 3급 회화 1-300)

회화 1-50 19

회화 51-100 29

회화 101-150 40

회화 151-200 50

회화 201-250 61

회화 251-300 71

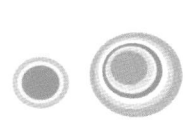
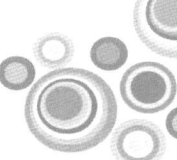

드림중국어 YCT 3급 단어 300

No.	중국어	발음	한국어
1	爱	ài	사랑하다
2	八	bā	팔
3	把	bǎ	~을, ~를
4	爸爸	bàba	아빠
5	吧	ba	하자, 해라, 하겠지
6	白	bái	하얗다
7	百	bǎi	100
8	半	bàn	절반
9	帮助	bāngzhù	돕다
10	包子	bāozi	찐빵
11	饱	bǎo	배부르다
12	杯子	bēizi	잔, 컵
13	北京	Běijīng	북경
14	本	běn	책의 양사, 권

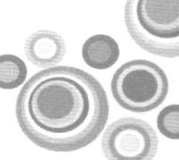

15	鼻子	bízi	코
16	比	bǐ	~보다
17	别	bié	이별하다,~하지 마
18	不客气	búkèqi	천만에요
19	不	bù	아니다
20	菜	cài	요리
21	茶	chá	차
22	长	zhǎng	자라다
23	唱歌	chànggē	노래를 부르다
24	车站	chēzhàn	정류장
25	吃	chī	먹다
26	迟到	chídào	지각하다
27	出	chū	나가다,나오다
28	穿	chuān	입다, 신다
29	次	cì	번
30	打电话	dǎdiànhuà	전화하다
31	打篮球	dǎlánqiú	농구를 하다

2

32	大	dà	크다
33	蛋糕	dàngāo	케이크
34	但是	dànshì	그렇지만
35	当然	dāngrán	당연하다
36	的	de	~의
37	得	de	구조조사
38	弟弟	dìdi	남동생
39	第一	dìyī	첫 번째
40	点	diǎn	주문하다,~시
41	电脑	diànnǎo	컴퓨터
42	电视	diànshì	텔레비전
43	电影	diànyǐng	영화
44	丢	diū	잃다
45	东西	dōngxi	물건
46	懂	dǒng	알다, 이해하다
47	动物园	dòng wù yuán	동물원
48	都	dōu	모두

49	读	dú	읽다
50	对	duì	맞다
51	对不起	duì bù qǐ	죄송합니다
52	多	duō	많다
53	多少	duōshao	얼마, 몇
54	饿	è	배고프다
55	耳朵	ěrduo	귀
56	二	èr	이
57	房间	fángjiān	방
58	飞机	fēijī	비행기
59	分钟	fēnzhōng	(시간) 분
60	感冒	gǎnmào	감기 걸리다/(명)감기
61	高	gāo	높다
62	高兴	gāoxìng	기쁘다, 즐겁다
63	哥哥	gēge	오빠, 형
64	个	gè	(양사) 개,명
65	个子	gè zi	키

66	给	gěi	~에게 주다
67	公共汽车	gōnggòngqìchē	버스
68	狗	gǒu	(동물) 개
69	刮风	guāfēng	바람이 불다
70	关	guān	닫다, 끄다
71	果汁	guǒzhī	쥬스
72	过	guo	~한 적이 있다
73	还	hái	아직, 더
74	汉语	Hànyǔ	중국어
75	好	hǎo	좋다
76	好吃	hǎochī	맛있다
77	号	hào	호, (날짜) 일
78	喝	hē	마시다
79	和	hé	~와
80	黑	hēi	검다
81	很	hěn	매우, 대단히
82	红	hóng	붉다

83	猴子	hóu zi	원숭이
84	后	hòu	후
85	画	huà	그리다
86	坏	huài	나쁘다
87	欢迎	huānyíng	환영하다
88	黄	huáng	노랗다
89	回	huí	돌아오다,돌아가다
90	会	huì	할 줄 알다
91	鸡蛋	jīdàn	계란
92	几	jǐ	(10이하) 몇
93	家	jiā	집
94	件	jiàn	(양사) 벌
95	脚	jiǎo	발
96	饺子	jiǎo zi	만두
97	叫	jiào	~라고 부르다
98	教室	jiàoshì	교실
99	姐姐	jiějie	누나, 언니

100	今天	jīntiān	오늘
101	进	jìn	들어가다
102	近	jìn	가깝다
103	九	jiǔ	9
104	就	jiù	곧, 즉시
105	觉得	juéde	생각하다
106	开	kāi	열다
107	看	kàn	보다
108	可爱	kě'ài	귀엽다
109	可以	kěyǐ	~해도 된다
110	课	kè	수업
111	口	kǒu	입, 식구
112	哭	kū	울다
113	裤子	kùzi	바지
114	块	kuài	조각, 덩이, 위안
115	快	kuài	빠르다
116	快乐	kuàilè	즐겁다

117	来	lái	오다
118	蓝	lán	푸른색
119	老虎	lǎo hǔ	호랑이
120	老师	lǎoshī	선생님
121	了	le	과거형
122	累	lèi	피곤하다
123	冷	lěng	춥다
124	里面	lǐ miàn	안
125	礼物	lǐwù	선물
126	两	liǎng	둘
127	零	líng	0
128	六	liù	6
129	绿	lǜ	녹색
130	妈妈	māma	엄마
131	吗	ma	의문사
132	买	mǎi	사다
133	卖	mài	팔다

134	慢	màn	느리다
135	忙	máng	바쁘다
136	猫	māo	고양이
137	没关系	méiguānxi	괜찮다
138	没有	méi yǒu	없다,~안 했다
139	玫瑰花	méi guī huā	장미꽃
140	每	měi	~마다
141	妹妹	mèimei	여동생
142	米饭	mǐfàn	쌀밥
143	面包	miànbāo	빵
144	面条	miàntiáo	국수
145	明天	míngtiān	내일
146	名字	míngzi	이름
147	拿	ná	잡다, 쥐다
148	哪	nǎ	어느
149	那	nà	그, 저
150	奶奶	nǎinai	할머니

151	男	nán	남자
152	难	nán	어렵다
153	呢	ne	~는?
154	能	néng	~할 수 있다
155	你	nǐ	너, 당신
156	年	nián	년
157	年级	niánjí	학년
158	鸟	niǎo	새
159	您	nín	당신
160	牛奶	niúnǎi	우유
161	女	nǚ	여자
162	旁边	pángbiān	옆쪽
163	胖	pàng	뚱뚱하다
164	跑步	pǎobù	달리다
165	朋友	péngyou	친구
166	漂亮	piàoliang	예쁘다
167	苹果	píngguǒ	사과

168	七	qī	7
169	起床	qǐchuáng	일어나다
170	千	qiān	천
171	铅笔	qiānbǐ	연필
172	前	qián	앞
173	钱	qián	돈
174	请	qǐng	~하세요
175	去	qù	가다
176	去年	qùnián	작년
177	裙子	qúnzi	치마
178	让	ràng	~시키다,하게 하다
179	热	rè	덥다
180	认识	rènshi	(사람.글자) 알다
181	三	sān	3
182	商店	shāngdiàn	상점,가게
183	上边	shàngbian	위
184	上网	shàngwǎng	인터넷을 하다

185	少	shǎo	적다
186	谁	shéi	누구
187	身体	shēntǐ	신체, 건강
188	什么	shénme	무엇
189	生病	shēngbìng	아프다
190	生日	shēngri	생일
191	十	shí	10
192	时候	shíhou	때
193	时间	shíjiān	시간
194	是	shì	이다
195	事情	shìqing	일, 사건
196	手	shǒu	손
197	瘦	shòu	마르다, 여위다
198	书包	shū bāo	가방
199	舒服	shūfu	편안하다
200	水	shuǐ	물
201	水果	shuǐguǒ	과일

202	睡觉	shuìjiào	잠을 자다
203	说话	shuōhuà	말하다
204	四	sì	사
205	送	sòng	주다, 보내다
206	岁	suì	(연령) 살, 세
207	所以	suǒyǐ	그래서
208	他	tā	그
209	她	tā	그녀
210	它	tā	그것
211	太	tài	너무
212	太阳	tàiyáng	태양
213	疼	téng	아프다
214	踢足球	tīzúqiú	축구를 하다
215	天气	tiānqì	날씨
216	跳舞	tiàowǔ	춤을 추다
217	听	tīng	듣다
218	同学	tóngxué	동창, 학우

219	头发	tóufa	머리카락
220	外面	wàimiàn	밖에
221	完	wán	끝내다,완성하다
222	玩	wán	놀다
223	晚上	wǎnshang	저녁
224	喂	wèi	여보세요, 어이
225	为什么	wèishénme	왜
226	问	wèn	묻다
227	问题	wèntí	질문
228	我	wǒ	나
229	我们	wǒmen	우리(들)
230	五	wǔ	5
231	西瓜	xīguā	수박
232	喜欢	xǐhuan	좋아하다
233	洗澡	xǐzǎo	목욕하다
234	下	xià	아래
235	下雪	xià xuě	눈

236	先生	xiānsheng	미스터, ~씨
237	现在	xiànzài	지금, 현재
238	香蕉	xiāngjiāo	바나나
239	想	xiǎng	생각하다, ~하고 싶다
240	小	xiǎo	작다
241	小姐	xiǎojiě	아가씨
242	小时	xiǎoshí	시간
243	笑	xiào	웃다
244	些	xiē	조금, 약간
245	鞋	xié	신발
246	写	xiě	(글씨를) 쓰다
247	谢谢	xièxie	감사합니다
248	新	xīn	새롭다
249	星期	xīngqī	요일, 주
250	熊猫	xióngmāo	판다
251	休息	xiūxi	쉬다
252	学生	xuésheng	학생

253	学习	xuéxí	공부하다
254	学校	xuéxiào	학교
255	颜色	yánsè	색깔
256	眼睛	yǎnjing	눈
257	药	yào	약
258	要	yào	~하려고 하다
259	爷爷	yéye	할아버지
260	也	yě	~도
261	一	yī	1
262	衣服	yīfu	옷
263	医生	yīshēng	의사
264	医院	yīyuàn	병원
265	椅子	yǐzi	의자
266	一起	yìqǐ	함께,같이
267	意思	yìsi	의미, 뜻
268	因为	yīnwèi	~때문에
269	游泳	yóuyǒng	수영하다

270	有	yǒu	있다
271	右	yòu	오른
272	鱼	yú	물고기
273	雨伞	yǔsǎn	우산
274	远	yuǎn	멀다
275	月	yuè	월
276	月亮	yuèliang	달
277	运动	yùndòng	운동
278	在	zài	~에 있다,에서
279	再	zài	다시
280	再见	zàijiàn	또 뵈요. Bye
281	早上	zǎoshang	아침
282	怎么	zěnme	어떻게
283	怎么样	zěnmeyàng	어때요?
284	着急	zháojí	조급해하다
285	找	zhǎo	찾다
286	这	zhè	이, 이것

287	真	zhēn	진짜
288	只	zhǐ	단지, 다만, 오직
289	知道	zhīdào	알다
290	中国人	zhōngguórén	중국인
291	中午	zhōngwǔ	정오,점심
292	桌子	zhuōzi	책상
293	自己	zìjǐ	자기, 자신, 스스로
294	自行车	zìxíngchē	자전거
295	走	zǒu	걷다
296	最	zuì	가장, 제일
297	昨天	zuótiān	어제
298	左	zuǒ	왼쪽
299	坐	zuò	앉다
300	做	zuò	하다

드림중국어 YCT 3급 회화 300

No.	중국어	문장	발음
1	爱 ài 사랑하다	A: 你爱你妈妈吗？ B: 我爱我妈妈。	A: Nǐ ài nǐ māma ma? 엄마를 사랑해요? B: Wǒ ài wǒ māma. 엄마를 사랑해요.
2	八 bā 팔	A: 你有几支笔？ B: 我有八支笔。	A: Nǐ yǒu jǐ zhī bǐ? 펜 몇 개 있어요? B: Wǒ yǒu bā zhī bǐ. 펜 여덟 개 있어요.
3	把 bǎ ~을, ~를	A: 把水给我吧。 B: 好的。	A: Bǎ shuǐ gěi wǒ ba. 물을 좀 주세요. B: Hǎo de. 네.
4	爸爸 bàba 아빠	A: 你爱你爸爸吗？ B: 我爱我爸爸。	A: Nǐ ài nǐ bàba ma? 아빠를 사랑해요? B: Wǒ ài wǒ bàba.

梦想中国语 词汇

			아빠를 사랑해요.
5	吧 ba 하자, 해라, 하겠지	A：我们出去玩吧。 B：好的。	A：Wǒmen chūqù wán ba. 우리 나가서 놉시다. B：Hǎo de. 좋아요.
6	白 bái 하얗다	A：你喜欢什么颜色？ B：我喜欢白色。	A：Nǐ xǐhuān shénme yánsè? 어떤 색깔을 좋아해요? B：Wǒ xǐhuān báisè. 저는 하얀색을 좋아해요.
7	百 bǎi 100	A：这本书里有多少个汉字？ B：这本书里有三百个汉字。	A：Zhè běn shū li yǒu duōshǎo gè hànzì? 이 책에는 한자가 얼마나 있어요? B：Zhè běn shū li yǒu sānbǎi gè hànzì. 한자 300 개가 있어요.
8	半 bàn 절반	A：现在几点？ B：现在下午两点半。	A：Xiànzài jǐ diǎn? 지금 몇 시예요? B：Xiànzài xiàwǔ liǎng diǎn bàn. 지금 오후 두 시 반이에요.
9	帮助 bāngzhù	A：你能帮助我打开窗户吗？	A：Nǐ néng bāngzhù wǒ dǎkāi chuānghu ma? 창문을 열어 주실래요?

梦想中国语 词汇

	돕다	B：好的，没问题。	B：Hǎo de, méi wèntí. 네, 좋아요.
10	包子 bāo zi 만두	A：你吃包子吗？ B：好的。	A：nǐ chī bāo zi ma? 만두를 먹을래요? B：Hǎo de. 좋아요.
11	饱 bǎo 배부르다	A：你吃饱了吗？ B：我吃饱了。	A：Nǐ chī bǎole ma? 배 불러요? B：Wǒ chī bǎole. 네. 배 불러요.
12	杯子 bēizi 잔, 컵	A：那是谁的杯子？ B：那是我的杯子。	A：Nà shì shuí de bēizi? 그것은 누구의 컵이에요? B：Nà shì wǒ de bēizi. 그것은 나의 컵이에요.
13	北京 Běijīng 북경	A：中国的首都在哪儿？ B：中国的首都在北京。	A：Zhōngguó de shǒudū zài nǎ'er? 중국의 수도는 어디예요? B：Zhōngguó de shǒudū zài běijīng. 중국의 수도는 베이징이에요.
14	本 běn 책의 양사,	A：你有几本书？	A：Nǐ yǒu jǐ běn shū? 당신은 책 몇 권을 가지고 있어요?

21

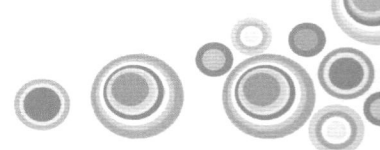

	권	B：我有很多本书。	B：Wǒ yǒu hěnduō běn shū. 저한테 책은 여러 권이 있어요.
15	鼻子 bízi 코	A：你的鼻子真漂亮。 B：真的吗？谢谢。	A：Nǐ de bízi zhēn piàoliang. 당신의 코가 정말 예뻐요 B：zhēn de ma? Xièxie. 정말이에요? 감사합니다.
16	比 bǐ ~보다	A：我觉得你比以前瘦多了。 B：是吗？	A：Wǒ juéde nǐ bǐ yǐqián shòu duōle. 예전보다 살이 많이 빠진 것 같아요. B：Shì ma? 그래요?
17	别 bié 이별하다, ~하지 마	A：下课后你要做什么？ B：嘘！别说话，现在在上课。	A：xiàkè hòu nǐ yào zuò shénme? 수업이 끝난 후에 뭘 할 거야? B：Xū! Bié shuōhuà, xiànzài zài shàngkè. 쉿! 이야기하지 마, 지금 수업 중이야.
18	不客气 búkèqi 천만에요	A：谢谢！ B：不客气。	A：Xièxie! 고마워요. B：Bú kèqi. 천만에요.
19	不 bù 아니다	A：你明天去学校吗？	A：Nǐ míngtiān qù xuéxiào ma? 내일 학교에 갈 거에요?

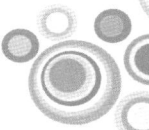

梦想中国语 词汇

		B：我明天不去学校。	B：Wǒ míngtiān bú qù xuéxiào. 내일 학교에 안 갈 거에요.
20	菜 cài 요리	A：你喜欢吃中国菜吗？ B：我喜欢吃中国菜。	A：Nǐ xǐhuān chī zhōngguó cài ma? 중국 요리 먹는 것을 좋아해요? B：Wǒ xǐhuān chī zhōngguó cài. 중국 요리 먹는 것을 좋아해요.
21	茶 chá 차	A：你喜欢喝茶吗？ B：我喜欢喝茶。	A：Nǐ xǐhuān hē chá ma? 차를 좋아해요? B：Wǒ xǐhuān hē chá. 차를 좋아해요.
22	长 cháng 길다	A：你的头发长吗？ B：我的头发很长。	A：Nǐ de tóufà cháng ma? 당신의 머리카락은 길어요? B：Wǒ de tóufà hěn cháng. 제 머리카락은 길어요.
23	唱歌 chànggē 노래를 부르다	A：你喜欢唱歌吗？ B：我喜欢唱歌。	A：Nǐ xǐhuān chànggē ma? 노래를 부르는 것을 좋아해요? B：Wǒ xǐhuān chànggē. 노래를 부르는 것을 좋아해요.
24	车站 chēzhàn	A：你要去哪儿？	A：Nǐ yào qù nǎr? 어디에 갈 거에요?

梦想中国语 词汇

	정류장	B：我要去车站。	B：Wǒ yào qù huǒchē zhàn. 정류장에 갈 거에요.
25	吃 chī 먹다	A：你喜欢吃饼干吗？ B：我喜欢吃饼干。	A：Nǐ xǐhuan chī bǐnggān ma? 과자를 먹는 것을 좋아해요? B：Wǒ xǐhuan chī bǐnggān. 과자를 먹는 것을 좋아해요.
26	迟到 chídào 지각하다	A：你是个经常迟到的人吗？ B：我不是经常迟到的人。	A：Nǐ shì gè jīngcháng chídào de rén ma? 당신은 자주 지각한 사람이에요? B：Wǒ búshì jīngcháng chídào de rén. 저는 자주 지각한 사람이 아니에요.
27	出 chū 나가다, 나오다	A：你每天早上几点出门？ B：我每天早上8点出门。	A：Nǐ měitiān zǎoshang jǐ diǎn chūmén? 매일 아침 몇 시에 집에서 나가요? B：Wǒ měitiān zǎoshang 8 diǎn chūmén. 매일 아침 8시에 집에서 나가요.
28	穿 chuān 입다, 신다	A：你喜欢穿裙子吗？ B：我喜欢穿裙子。	A：Nǐ xǐhuān chuān qúnzi ma? 치마를 입는 것을 좋아해요? B：Wǒ xǐhuān chuān qúnzi. 치마를 입는 것을 좋아해요.
29	次 cì 번	A：你去过几次中国？	A：Nǐ qùguò jǐ cì zhōngguó? 중국에 몇 번 갔다 왔어요?

梦想中国语 词汇

		B：我去过三次。	B : Wǒ qùguò sāncì. 세 번 갔다 왔어요.
30	打电话 dǎdiànhuà 전화하다	A：你在干什么？ B：我在给朋友打电话。	A : Nǐ zài gànshénme? 무엇을 하고 있어요? B : Wǒ zài gěi péngyou dǎ diànhuà. 친구한테 전화를 하고 있어요.
31	打篮球 dǎlánqiú 농구를 하다	A：你会打篮球吗？ B：我会打篮球。	A : Nǐ huì dǎ lánqiú ma? 농구를 할 줄 알아요? B : Wǒ huì dǎ lánqiú. 농구를 할 줄 알아요.
32	大 dà 크다	A：这个教室大还是那个教室大？ B：那个教室大。	A : Zhège jiàoshì dà háishì nàge jiàoshì dà? 이 교실이랑 저 교실 중에 어느 쪽이 더 커요? B : Nàge jiàoshì dà. 저 교실이 커요.
33	蛋糕 dàngāo 케이크	A：这是什么？ B：这是蛋糕。	A : Zhè shì shénme? 이게 뭐예요? B : Zhè shì dàngāo. 이게 케이크예요.
	但是	A：你会唱歌吗？	A : Nǐ huì chànggē ma?

梦想中国语 词汇

34	**dànshì** 그렇지만	B：我会，但是唱得不好。	노래를 할 줄 알아요? B：Wǒ huì, dànshì chàng de bù hǎo. 할 줄 아는데 잘 부르지 못해요.
35	当然 **dāngrán** 당연하다	A：你会说汉语吗? B：我当然会说汉语，因为我是中国人。	A：Nǐ huì shuō hànyǔ ma? 중국어를 할 줄 알아요? B：Wǒ dāngrán huì shuō hànyǔ, yīnwèi wǒ shì zhōngguó rén. 당연히 할 줄 알아요. 중국인이니까요.
36	的 **de** ~의	A：她是谁? B：她是我们的老师。	A：Tā shì shuí? 그 여자는 누구에요? B：Tā shì wǒmen de lǎoshī. 그 여자는 우리의 선생님이에요.
37	得 de 구조조사	A：最近过得怎么样? B：最近忙得连吃饭的时间都没有。	A：Zuìjìnguò de zěnme yàng? 요즘 잘 지냈어요? B：Zuìjìn máng de lián chīfàn de shíjiān dōu méiyǒu. 요즘 바빠서 밥을 먹는 시간조차도 없어요.
38	弟弟 dìdi 남동생	A：你有弟弟吗? B：我有一个弟弟。	A：Nǐ yǒu dìdi ma? 남동생이 있어요? B：Wǒ yǒu yígè dìdi.

			남동생은 한 명이 있어요.
39	第一 dìyī 첫 번째, 1등	A：这次咱们班谁考了第一啊？ B：哦，是他！	A：Zhè cì zánmen bān shuí kǎole dì yī a? 이번 시험은 우리 반에서 누가 일등을 했어요? B：Ó, shì tā! 아, 그 사람이야!
40	点 diǎn 주문하다,~시	A：现在几点？ B：现在4点45分。	A：Xiànzài jǐ diǎn? 지금은 몇 시에요? B：Xiànzài sì diǎn sìshíwǔ fēn. 지금은 4시 45분이에요.
41	电脑 diànnǎo 컴퓨터	A：这是谁的电脑？ B：这是我的电脑。	A：Zhè shì shuí de diànnǎo? 이 컴퓨터는 누구의 거에요? B：Zhè shì wǒ de diànnǎo. 제 거에요.
42	电视 diànshì 텔레비전	A：你喜欢看电视吗？ B：我喜欢看电视。	A：Nǐ xǐhuān kàn diànshì ma? TV 보기를 좋아해요? B：Wǒ xǐhuān kàn diànshì. TV 보기를 좋아해요.
	电影	A：你昨天晚上干什么了？	A：Nǐ zuótiān wǎnshàng gànshénmele?

梦想中国语 词汇

43	diànyǐng 영화	B：我昨天晚上看电影了。	어제 저녁에 뭘 했어요? B：Wǒ zuótiān wǎnshàng kàn diànyǐngle. 어제 저녁에 영화를 봤어요.
44	丢 diū 잃어버리다	A；我的钥匙丢了。 B：你现在找到了吗？	A：Wǒ de yàoshi diū le. 내 열쇠를 잃어버렸어. B：Nǐ xiànzài zhǎodào le ma? 이제 찾은 거야?
45	东西 dōngxi 물건	A：你知道这是什么东西吗？ B：我猜这是中国茶。	A：Nǐ zhīdào zhè shì shénme dōngxi ma? 이것이 뭔지 알아요? B：Wǒ cāi zhè shì zhōngguó chá. 중국 차라고 생각해요.
46	懂 dǒng 알다, 이해하다	A：你听得懂汉语吗？ B：我听得懂。	A：Nǐ tīng de dǒng hànyǔ ma? 중국어를 알아들을 수 있어요? B：Wǒ tīng de dǒng. 알아들을 수 있어요.
47	动物园 dōngwùyuán 동물원	A：我们周末去动物园吧。 B：好呀！	A：Wǒmen zhōumò qù dòngwùyuán ba. 우리 주말에 동물원 가요. B：Hǎoya! 좋아요.

48	都 dōu 모두	A：这些吃的是给谁的？ B：都是给你的。	A : Zhèxiē chī de shì gěi shuí de? 이 음식들은 누구에게 줄 것들이에요? B : Dōu shì gěi nǐ de. 다 당신한테 줄 것들이에요.
49	读 dú 읽다	A：你喜欢读书吗？ B：我喜欢读书。	A : Nǐ xǐhuān dúshū ma? 책을 읽는 것을 좋아해요? B : Wǒ xǐhuān dúshū. 책을 읽는 것을 좋아해요.
50	对 duì 맞다	A：你是学生，对吗？ B：对。	A : Nǐ shì xuéshēng, duì ma? 학생인 것 맞죠? B : Duì. 맞아요.
51	对不起 duìbuqǐ 미안합니다	A：对不起。 B：没关系。	A : Duìbuqǐ. 미안해요. B : Méiguānxi. 괜찮아요.
52	多 duō 많다	A：你有几本书？ B：我有很多本书。	A : Nǐ yǒu jǐ běn shū? 책은 몇 권이 있어요? B : Wǒ yǒu hěnduō běn shū. 책은 여러 권이 있어요.

梦想中国语　词汇

53	多少 duōshao 얼마, 몇	A：这个多少钱？ B：这个一百元。	A：Zhège duōshǎo qián? 이것은 얼마에요? B：Zhège yìbǎi yuán. 이것은 100 위안에요.
54	饿 è 배고프다	A：你饿吗？ B：我很饿。	A：Nǐ è ma? 배가 고파요? B：Wǒ hěn è. 배가 너무 고파요.
55	耳朵 ěrduo 귀	A：你的耳朵怎么了？ B：早上游泳的时候进水了。	A：Nǐ de ěrduo zěnmele? 귀는 어떻게 된 거에요? B：Zǎoshang yóuyǒng de shíhou jìn shuǐle. 아침에 수영할 때 물이 귀에 들어갔어요.
56	二 èr 이	A：理发店在几层？ B：理发店在二层。	A：Lǐfà diàn zài jǐ céng? 미용실은 어디에요? B：Lǐfà diàn zài èr céng. 미용실은 2층에 있어요.
57	房间 fángjiān 방	A：好热啊，这个房间里没有空调吗？	A：Hǎo rè a, zhège fángjiān lǐ méiyǒu kōng tiáo ma? 너무 덥다! 이 방에 에어컨이 없어요? B：Zhè'er de kōngtiáo huàile.

		B：这儿的空调坏了。	여기의 에어컨이 고장났어요.
58	飞机 fēijī 비행기	A：你几点的飞机？ B：明天早上9点的。	A：Nǐ jǐ diǎn de fēijī? 몇 시 비행기예요? B：Míngtiān zǎoshàng 9 diǎn de. 내일 아침 9시예요.
59	分钟 fēnzhōng (시간) 분	A：一节课是几分钟？ B：一节课是90分钟。	A：Yì jié kè shì jǐ fēnzhōng? 1회 수업은 몇 분이에요? B：Yì jié kè shì 90 fēnzhōng. 1회 수업은 90 분이에요.
60	感冒 gǎnmào 감기 걸리다 (명)감기	A：你怎么了？ B：我好像有点儿感冒。	A：Nǐ zěnmele? 어떻게 된 거에요? B：Wǒ hǎoxiàng yǒudiǎnr gǎnmào. 감기에 걸린 것 같아요.
61	高 gāo 높다	A：你的中文水平真是高啊！ B：您过奖了。	A：Nǐ de zhōngwén shuǐpíng zhēnshi gāo a! 당신의 중국어 실력이 정말로 높네요. B：Nín guòjiǎngle. 과찬이에요.
62	高兴 gāoxìng 기쁘다,	A：今天你高兴吗？ B：我很高兴。	A：Jīntiān nǐ gāoxìng ma? 오늘 기분이 좋아요?

			B : Wǒ hěn gāoxìng.
	즐겁다		오늘 아주 기뻐요.
63	哥哥 gēge 오빠, 형	A：你有哥哥吗？ B：我没有哥哥。	A : Nǐ yǒu gēge ma? 오빠가 있어요? B : Wǒ méiyǒu gēge. 오빠가 없어요.
64	个 gè (양사) 개, 명	A：你怎么了？ B：这个沙发又破又不好看， 我真想换一个。	A : Nǐ zěnmele? 무슨 일이 있어요? B : Zhège shāfā yòu pò yòu bù hǎokàn, wǒ zhēn xiǎng huàn yígè. 이 소파가 낡고 보기도 안 좋아서 정말 하나 65 바꾸고 싶어요.
65	个子 gèzi 키	A：你个子真高！ B：我妹妹个子更高。	A : Nǐ gèzi zhēn gāo! 당신은 키가 정말 크네요. B : Wǒ mèimei gè zi gēng gāo. 저의 여동생은 키가 더 크거든요.
66	给 gěi ~에게 주다	A：能把你的照相机 借给我用一下吗？ B：不行。	A :Néng bǎ nǐ de zhàoxiàngjī jiè gěi wǒ yòng yíxià ma? 카메라를 저한테 좀 빌려 주시면 안 돼요? B : Bùxíng. 안 돼요.

67	公共汽车 gōnggòngqìchē 버스	A：从这儿到学校大概多长时间？ B：坐公共汽车去大概花20分钟。	A：Cóng zhè'er dào xuéxiào dàgài duō cháng shíjiān? 여기에서 학교까지 얼마나 걸려요? B：Zuò gōnggòng qìchē qù dàgài huā 20 fēnzhōng 버스를 타고 약 20분이면 도착해요.
68	狗 gǒu (동물) 개	A：你喜欢狗吗？ B：我喜欢狗。	A：Nǐ xǐhuan gǒu ma? 강아지를 좋아해요? B：Wǒ xǐhuan gǒu. 좋아해요.
69	刮风 guāfēng 바람이 불다	A：今天刮风吗？ B：今天刮风，而且刮得很大。	A：Jīntiān guā fēng ma? 오늘 바람이 불어요? B：Jīntiān guā fēng, érqiě guā de hěn dà. 오늘 바람이 불어요. 게다가 많이 불어요.
70	关 guān 닫다, 끄다	A：刚才打你电话，怎么没接啊？ B：不好意思，我的手机没电了，所以关机了。	A：Gāngcái dǎ nǐ diànhuà, zěnme méi jiē a? 방금 전화했는데 왜 안 받았어요? B：Bù hǎoyìsi, wǒ de shǒujī méi diànle, suǒyǐ guānjīle. 미안해요. 제 핸드폰이 배터리가 빠져서 꺼졌네요.
	果汁 guǒzhī	A：这位客人，	A：Zhè wèi kèrén, nǐ xiǎng hē diǎnr shénme? 손님, 무엇을 드시겠습니까?

71	쥬스	你想喝点儿什么？ B：请给我一杯果汁。	B：Qǐng gěi wǒ yìbēi guǒzhī. 주스 한 잔 주세요.
72	过 guo ~한 적이 있다	A：你去过中国吗？ B：我去过。	A：Nǐ qùguò zhōngguó ma? 중국에 가본 적이 있어요? B：Wǒ qùguò. 가본 적이 있어요.
73	还 hái 아직, 더	A：除了葡萄，你还喜欢吃什么？ B：我还喜欢吃苹果。	A：Chúle pútao, nǐ hái xǐhuan chī shénme? 포도 외엔, 또 어떤 과일을 좋아해요? B：Wǒ hái xǐhuan chī píngguǒ. 사과도 좋아해요.
74	汉语 Hànyǔ 중국어	A：你会说汉语吗？ B：我会说汉语。	A：Nǐ huì shuō hànyǔ ma? 중국어를 할 줄 알아요? B：Wǒ huì shuō hànyǔ. 중국어를 할 줄 알아요.
75	好 hǎo 좋다	A：你好吗？ B：我很好。	A：Nǐ hǎo ma? 잘 지내고 있어요? B：Wǒ hěn hǎo. 잘 지내고 있어요.

76	好吃 hǎochī 맛있다	A：好吃吗？ B：真好吃啊！	A：Hǎo chī ma? 맛있어요? B：Zhēn hǎo chī a! 정말로 맛있네요!
77	号 hào 호, (날짜) 일	A：今天几月几号？ B：今天三月一号。	A：Jīntiān jǐ yuè jǐ hào? 오늘은 몇 월 몇 일이에요? B：Jīntiān sān yuè yī hào. 오늘은 3월 1일이에요.
78	喝 hē 마시다	A：你喜欢喝什么茶？ B：我喜欢喝绿茶。	A：Nǐ xǐhuan hē shénme chá? 어떤 차를 좋아해요? B：Wǒ xǐhuan hē lǜchá. 녹차를 좋아해요.
79	和 hé ~와	A：你和谁一起吃饭？ B：我和朋友一起吃饭。	A：Nǐ hé shuí yìqǐ chīfàn? 누구랑 같이 밥을 먹어요? B：Wǒ hé péngyou yìqǐ chīfàn. 친구랑 같이 밥을 먹어요.
80	黑 hēi 검다	A：有一种动物胖胖的，只拍过黑白照片，你猜是什么？ B：是熊猫。	A：Yǒuyì zhǒng dòngwù pàng pàng de, zhǐ pāiguò hēibái zhàopiàn, nǐ cāi shì shénme? 어떤 동물은 뚱뚱하고 흑백 사진만 찍었어요. 뭔지 맞춰 봐요.

			B：Shì xióngmāo. 판다이에요.
81	很 hěn 매우, 대단히	A： 你困吗? B： 我很困。	A：Nǐ kùn ma? 졸려요? B：Wǒ hěn kùn. 많이 졸려요.
82	红 hóng 붉다	A：你喜欢什么颜色? B：我喜欢红色，红色，红色。	A：Nǐ xǐhuan shénme yánsè? 어떤 색깔을 좋아해요? B：Wǒ xǐhuan hóngsè, hóngsè, hóngsè. 빨간색, 빨간색, 빨간색을 좋아해요.
83	猴子 hóuzi 원숭이	A：猴子喜欢吃什么? B：猴子喜欢吃香蕉。	A：Hóuzi xǐhuan chī shěnme? 원숭이는 뭘 좋아해요? B：Hóuzi xǐhuan chī xiāngjiāo. 원숭이는 바나나를 좋아해요.
84	后 hòu 뒤, 뒤쪽	A：你的后面有什么? B：我的后面有很多桌子。	A：Nǐ de hòumiàn yǒu shén me? 당신 뒤에 무엇이 있어요? B：Wǒ de hòumiàn yǒu hěnduō zhuōzi. 뒤에 많은 책상들이 있어요.
85	画 huà 그리다	A：你会画画吗?	A：Nǐ huì huà huà ma? 그림을 그릴 줄 알아요?

梦想中国语 词汇

		B：我不会画画，但是我想以后学习一下。	B：Wǒ bú huì huà huà, dànshì wǒ xiǎng yǐhòu xuéxí yíxià. 그림을 그릴 줄 모르지만 앞으로 한 번 공부해 보고 싶어요.
86	坏 huài 나쁘다	A：我能借用一下你的手机吗？我的手机坏了。 B：可以。	A：Wǒ néng jièyòng yíxià nǐ de shǒujī ma? Wǒ de shǒujī huàile. 핸드폰을 빌려 주시겠어요? 제 것이 고장났어요. B：Kěyǐ. 좋아요.
87	欢迎 huānyíng 환영하다	A：欢迎您来到我们学院。 B：谢谢。	A：Huānyíng nín lái dào wǒmen xuéyuàn. 저희 학원에 오신 것 환영합니다. B：Xièxie. 감사합니다.
88	黄 huáng 노랗다	A：这个表是什么颜色？ B：这个表是黄色的。	A：Zhège biǎo shì shénme yánsè? 이 시계는 무슨 색깔이에요? B：Zhège biǎo shì huángsè de. 이 시계는 노란색이에요.
89	回 huí 돌아오다	A：你爸爸每天几点回家？ B：我爸爸每天晚上9点回家。	A：Nǐ bàba měitiān jǐ diǎn huí jiā? 아빠가 매일 몇 시에 집에 돌아와요? B：Wǒ bàba měitiān wǎnshàng 9 diǎn huí jiā. 매일 저녁 9시에 집에 돌아와요.
90	会 huì	A：你会说汉语吗？	A：Nǐ huì shuō hànyǔ ma?

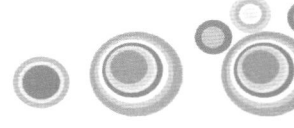

	할 줄 알다	B：我会说汉语。	중국어를 할 줄 알아요? B : Wǒ huì shuō hànyǔ. 중국어를 할 줄 알아요.
91	鸡蛋 jīdàn 계란	A：冰箱里有几个鸡蛋？ B：冰箱里有五个鸡蛋。	A : Bīngxiāng li yǒu jǐ gè jīdàn? 냉장고에 계란이 몇 개 있어요? B : Bīngxiāng li yǒu wǔ gè jīdàn. 냉장고에 계란 5개가 있어요.
92	几 jǐ (10 이하) 몇	A：现在几点？ B：现在 4 点 45 分。	A : Xiànzài jǐ diǎn? 지금은 몇 시예요? B : Xiànzài 4 diǎn 45 fēn. 지금은 4 시 45 분이에요.
93	家 jiā 집	A：你家有几口人？ B：我家有五口人。	A : Nǐ jiā yǒu jǐ kǒu rén? 식구는 몇 명이 있어요? B : Wǒjiā yǒu wǔ kǒu rén. 다섯 명이 있어요.
94	件 jiàn (양사) 벌	A：你有几件旗袍？ B：我有两件旗袍。	A : Nǐ yǒu jǐ jiàn qípáo? 치파오 몇 벌이 있어요? B : Wǒ yǒu liǎng jiàn qípáo. 치파오 두 벌이 있어요.

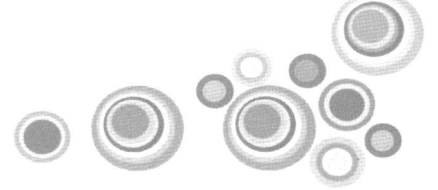

95	脚 jiǎo 발	A：你为什么不喜欢穿高跟鞋？ B：因为脚会很疼。	A：Nǐ wèishénme bù xǐhuan chuān gāogēnxié? 왜 하이힐을 신기 싫어해요? B：Yīn wèi jiǎo huì hěn téng. 발이 아프기 때문이에요.
96	饺子 jiǎozi 만두	A：你喜欢吃饺子吗？ B：我喜欢吃饺子。	A：Nǐ xǐhuan chī jiǎozi ma? 만두를 좋아해요? B：Wǒ xǐhuan chī jiǎozi. 만두를 좋아해요.
97	叫 jiào ~라고 부르다	A：你叫什么名字？ B：我叫刘欢。	A：Nǐ jiào shénme míngzì? 이름이 뭐예요? B：Wǒ jiào liú huān. 류환이라고 해요.
98	教室 jiàoshì 교실	A：刘老师在哪儿？ B：她在教室上课呢。	A：Liú lǎoshī zài nǎ'er? 류 선생님은 어디에 계세요? B：Tā zài jiàoshì shàngkè ne. 그녀는 교실에서 수업하고 계세요.
99	姐姐 jiějie 누나, 언니	A：她是谁？ B：她是我的姐姐。	A：Tā shì shuí? 그 여자가 누구세요? B：Tā shì wǒ de jiějie. 제 언니예요.

100	今天 jīntiān 오늘	A：今天是星期几？ B：今天是星期一。	A：Jīntiān shì xīngqī jǐ? 오늘은 무슨 요일이에요? B：Jīntiān shì xīngqī yī. 오늘은 월요일이에요.
101	进 jìn 들어가다	A：你好，请进，请坐。 B：谢谢。	A：Nǐ hǎo, qǐng jìn, qǐng zuò. 안녕하세요! 어서 오세요. 앉으세요. B：Xièxie. 감사합니다!
102	近 jìn 가깝다	A：这儿离你家近吗？ B：这儿离我家很近。	A：Zhè'er lí nǐ jiā jìn ma? 여기부터 당신의 집까지 가까워요? B：Zhè'er lí wǒjiā hěn jìn. 여기부터 제 집까지 아주 가까워요.
103	九 jiǔ 9	A：你有几本书？ B：我有九本书。	A：Nǐ yǒu jǐ běn shū? 책은 몇 권이 있어요? B：Wǒ yǒu jiǔ běn shū. 책은 아홉 권이 있어요.
104	就 jiù 곧, 즉시	A：请问，去银行怎么走？ B：就在前面。	A：Qǐngwèn, qù yínháng zěnme zǒu? 실례지만 은행에 어떻게 가요? B：Jiù zài qiánmiàn. 바로 앞에 있어요.

105	觉得 juéde 생각하다	A：你觉得什么工作不辛苦？ B：我觉得没有工作不辛苦。	A：Nǐ juéde shénme gōngzuò bù xīnkǔ? 어떤 일이 힘들지 않다고 생각해요? B：Wǒ juéde méiyǒu gōngzuò bù xīnkǔ. 안 힘든 일이 없다고 생각해요.
106	开 kāi 열다, 켜다	A：你能帮我开一下门吗？ B：好的。	A：Nǐ néng bāng wǒ kāi yíxià mén ma? 문 좀 열어 주실래요? B：Hǎo de. 네, 좋아요.
107	看 kàn 보다	A：你在看什么书？ B：我在看中文书。	A：Nǐ zài kàn shénme shū? 어떤 책을 읽고 있어요? B：Wǒ zài kàn zhōng wén shū. 중국어 책을 읽고 있어요.
108	可爱 kě'ài 귀엽다	A：你妹妹可爱吗？ B：我妹妹比我可爱。	A：Nǐ mèimei kě'ài ma? 여동생이 귀여워요? B：Wǒ mèimei bǐ wǒ kě'ài. 여동생은 나보다 귀여워요.
109	可以 kěyǐ ~해도 된다	A：我可以用一下你的手机吗？ B：可以。	A：wǒ kěyǐ yòng yíxià nǐ de shǒujī ma? 제가 당신의 핸드폰을 좀 써도 되나요? B：Kěyǐ. 돼요.

110	课 kè 수업	A：你今天有几节课？ B：今天只有一节汉语课。	A：Nǐ jīntiān yǒu jǐ jié kè? 오늘 수업은 몇 개가 있어요? B：Jīntiān zhǐyǒu yì jié hànyǔ kè. 오늘 중국어 수업 하나만 있어요.
111	口 kǒu 입/식구	A：这个蛋糕很好吃，您要不要尝一口？ B：好的，谢谢。	A：Zhège dàngāo hěn hǎo chī, nín yào búyào cháng yìkǒu? 이 케이크가 아주 맛있어요. 한번 드셔 볼래요? B：Hǎo de, xièxie. 네, 좋아요.
112	哭 kū 울다	A：你怎么哭了？ B：我想妈妈了。	A：Nǐ zěnme kūle? 당신 왜 울었어요? B：Wǒ xiǎng māmale. 엄마를 보고 싶어요.
113	裤子 kùzi 바지	A：你喜欢穿裤子还是穿裙子？ B：我喜欢穿裙子。	A：Nǐ xǐhuan chuān kùzi hái shì chuān qúnzi? 바지랑 치마 중에 무엇을 입는 것을 좋아해요? B：Wǒ xǐhuan chuān qúnzi. 치마를 입는 것을 좋아해요.
114	块 kuài 조각, 덩이, 위안	A：你有多少钱？ B：我有一块钱。	A：Nǐ yǒu duōshǎo qián? 돈이 얼마 있어요? B：Wǒ yǒu yíkuài qián.

			1 위안이 있어요.
115	快 kuài 빠르다	A：时间过得真快。 B：是啊，时间如流水啊。	A：Shíjiānguò de zhēn kuài 시간이 정말 빠르게 갔네요.. B：Shì a, shíjiān rú liúshuǐ a. 그렇네요. 시간이 흐르는 물과 같네요.
116	快乐 kuàilè 즐겁다	A：祝你生日快乐。 B：谢谢。	A：Zhù nǐ shēngrì kuàilè. 생일 축하해요. B：Xièxie. 감사합니다.
117	来 lái 오다	A：你今天几点来的？ B：我今天10点来的。	A：Nǐ jīntiān jǐ diǎn lái de? 오늘 몇 시에 왔어요? B：Wǒ jīntiān 10 diǎn lái de. 오늘 10시에 왔어요.
118	蓝 lán 푸른색	A：这把椅子是什么颜色？ B：这把椅子是蓝色。	A：Zhè bǎ yǐzi shì shénme yánsè? 이 의자는 무슨 색깔이에요? B：Zhè bǎ yǐzi shì lán sè. 이 의자는 푸른색이에요.
119	老虎 lǎohǔ	A：你见过老虎吗？ B：见过。	A：Nǐ jiànguò lǎohǔ ma? 호랑이를 본 적이 있어요?

	호랑이		B：Jiànguò. 본 적이 있어요.
120	老师 lǎoshī 선생님	A：这是谁？ B：这是刘老师。	A：Zhè shì shuí? 이분은 누구에요? B：Zhè shì liú lǎoshī. 이분은 류 선생님이에요.
121	了 le 과거형	A：你吃饭了吗？ B：我吃了。	A：Nǐ chīfànle ma? 밥을 먹었어요? B：Wǒ chīle. 밥을 먹었어요.
122	累 lèi 피곤하다	A：今天工作累不累？ B：累死了。	A：Jīntiān gōngzuò lèi bú lèi? 오늘 일이 힘들지 않았어요? B：Lèi sǐle. 힘들어 죽겠어요.
123	冷 lěng 춥다	A：今天天气怎么样？ B：今天很冷。	A：Jīntiān tiānqì zěnme yàng? 오늘 날씨가 어때요? B：Jīntiān hěn lěng. 오늘 아주 추워요.
124	里面 lǐ miàn 안에	A：你在哪儿上课？	A：Nǐ zài nǎ'er shàngkè? 어디에서 수업을 해요?

梦想中国语 词汇

		B：我在教室里面上课。	B：Wǒ zài jiàoshì lǐ miàn shàngkè. 교실에서 수업을 해요.
125	礼物 lǐwù 선물	A：这是谁送你的礼物？ B：这是我男朋友送的。	A：Zhè shì shuí sòng nǐ de lǐwù? 이게 누가 준 선물이에요? B：Zhè shì wǒ nán péngyou sòng de. 저의 남자친구가 준 거예요.
126	两 liǎng 둘	A：桌子上有几个杯子？ B：桌子上有两个杯子。	A：Zhuōzi shàng yǒu jǐ gè bēizi? 테이블에 컵은 몇 개가 있어요? B：Zhuōzi shàng yǒu liǎng gè bēizi. 테이블에 컵은 두 개가 있어요.
127	零 líng 0	A：你的手机号码是多少？ B：我的手机号码是01056826880。	A：Nǐ de shǒujī hàomǎ shì duōshǎo? 핸드폰 번호가 뭐예요? B：Wǒ de shǒujī hàomǎ shì 01056826880. 핸드폰 번호는 01056826880 이에요.
128	六 liù 6	A：教室里有几张桌子？ B：教室里有6张桌子。	A：Jiàoshì li yǒu jǐ zhāng zhuōzi? 교실에 책상이 몇 개 있어요? B：Jiàoshì li yǒu 6 zhāng zhuōzi. 여섯 개가 있어요.
129	绿 lǜ 푸르다	A：请找一下绿色在哪里。	A：Qǐng zhǎo yíxià lǜsè zài nǎlǐ. 녹색이 어디에 있는지 찾아봐요. B：Zhège chuānghu shì lǜsè de, zhèxiē shū yěshì

梦想中国语 词汇

		B：这个窗户是绿色的， 这些书也是绿色的， 我的衣服也是绿色的。	lǜsè de, wǒ de yīfu yěshì lǜsè de. 이 창문이 녹색이고 이 책들도 녹색이고 나의 옷도 녹색이에요.
130	妈妈 māma 엄마	A：你喜欢你妈妈吗？ B：我喜欢我妈妈。	A：Nǐ xǐhuān nǐ māma ma? 엄마를 좋아해요? B：Wǒ xǐhuān wǒ māma. 엄마를 좋아해요.
131	吗 ma 의문사	A：你喜欢喝咖啡吗？ B：我喜欢喝咖啡。	A：Nǐ xǐhuan hē kāfēi ma? 커피를 좋아해요? B：Wǒ xǐhuan hē kāfēi. 커피를 좋아해요.
132	买 mǎi 사다	A：你一般在哪儿买书？ B：我一般在网上买书。	A：Nǐ yìbān zài nǎ'er mǎishū? 보통 어디서 책을 사요? B：Wǒ yìbān zài wǎngshàng mǎishū. 보통 인터넷에서 책을 사요.
133	卖 mài 팔다	A：那家商店卖什么？ B：那家商店卖药，是药店。	A：Nà jiā shāngdiàn mài shénme? 그 가게에서 무엇을 팔아요? B：Nà jiā shāngdiàn mài yào, shì yàodiàn.

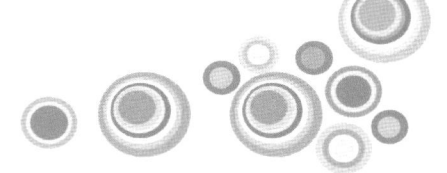

			그 가게에서 약을 팔아요. 약국이에요.
134	慢 màn 느리다	A：水很烫。你慢一点喝。 B：好的。	A：Shuǐ hěn tàng. Nǐ màn yìdiǎn hē. 물이 뜨거워요. 천천히 드세요. B：Hǎo de. 네.
135	忙 máng 바쁘다	A：你忙吗？ B：我很忙。	A：Nǐ máng ma? 바쁘세요? B：Wǒ hěn máng. 아주 바빠요.
136	猫 māo 고양이	A：你家的猫是什么颜色？ B：我家的猫是黑色的。	A：Nǐ jiā de māo shì shénme yánsè? 당신의 고양이는 어떤 색깔이에요? B：Wǒjiā de māo shì hēisè de. 나의 고양이는 검은색이에요.
137	没关系 méiguānxi 괜찮다	A：对不起。 B：没关系。	A：Duìbuqǐ. 미안해요. B：Méiguānxi. 괜찮아요.
138	没有 Méiyǒu 없다, 안 했다	A：你骑过马吗？ B：没有，我害怕骑马。	A：Nǐ qíguò mǎ ma? 말을 타본 적이 있어요? B：Méiyǒu, wǒ hàipà qí mǎ. 없어요. 말을 타는 게 무서워요.

梦想中国语 词汇

139	玫瑰花 Méiguīhuā 장미꽃	A：你喜欢什么花？ B：我喜欢玫瑰花。	A：Nǐ xǐhuan shénme huā? 무슨 꽃을 좋아해요? B：Wǒ xǐhuan méiguī huā. 장미꽃을 좋아해요.
140	每 měi ~마다	A：你每天都来这个公园散步吗？ B：每当我心情不好的时候，我会来公园散步。	A：Nǐ měitiān dōu lái zhège gōngyuán sànbù ma? 매일 이 공원에 와서 산책하세요? B：Měi dāng wǒ xīnqíng bù hǎo de shíhou, wǒ huì lái gōngyuán sànbù. 기분이 안 좋을 때마다 이 공원에 와서 산책해요.
141	妹妹 mèimei 여동생	A：你妹妹可爱吗？ B：我妹妹很可爱。	A：Nǐ mèimei kě'ài ma? 여동생이 귀여워요? B：Wǒ mèimei hěn kě'ài. 여동생이 아주 귀여워요.
142	米饭 mǐ fàn 쌀	A：中国人习惯吃米饭吗？ B：中国南方人习惯吃米饭，但是中国北方人习惯吃面食。	A：Zhōngguó rén měi dùn dōu chī mǐfàn ma? 중국인은 습관적으로 쌀밥을 먹어요? B：Zhōngguó nánfāng rén xíguàn chī mǐfàn, dànshì zhōngguó běifāng rén xíguàn chī miànshí. 남쪽의 사람들이 쌀밥을 자주 먹고, 북쪽의 사람들은 밀가루 음식을 자주 먹어요.
143	面包 miànbāo	A：你早饭吃了什么？	A：Nǐ zǎo fàn chīle shénme? 아침에 뭘 먹었어요? B：Wǒ chīde miànbāo.

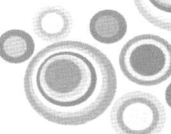

	빵	B：我吃的面包。	빵을 먹었어요.
144	面条 miàntiáo 국수	A：你喜欢吃米饭，还是面条？ B：我喜欢吃面条。	A：Nǐ xǐhuān chī mǐfàn, háishì miàntiáo? 쌀밥이랑 국수 중에 무엇을 좋아해요? B：Wǒ xǐhuān chī miàntiáo. 국수를 좋아해요.
145	明天 míngtiān 내일	A：明天星期几？ B：明天星期五。	A：Míngtiān xīngqī jǐ? 내일은 무슨 요일이에요? B：Míngtiān xīngqīwǔ. 내일은 금요일이에요.
146	名字 míngzi 이름	A：你的名字是什么？ B：我的名字是刘芳。	A：Nǐ de míngzì shì shénme? 이름이 뭐에요? B：Wǒ de míngzì shì liú fāng. 류팡이라고 해요.
147	拿 ná 잡다, 쥐다	A：能帮我拿一下我的衣服吗？ B：好的。	A：Néng bāng wǒ ná yíxià wǒ de yīfu ma? 제 옷을 좀 갖다 주실래요? B：Hǎo de. 네.
148	哪 nǎ 어느	A：你家在哪儿？	A：Nǐ jiā zài nǎr? 집이 어디에 있어요?

梦想中国语 词汇

		B：我家在青岛。	B：Wǒjiā zài qīngdǎo. 집은 청도에 있어요.
149	那 nà 그, 저	A：那是谁的书？ B：那是我的书。	A：Nà shìshuí de shū? 저 책은 누구의 거예요? B：Nà shì wǒ de shū. 제 책이에요.
150	奶奶 nǎinai 할머니	A：你的奶奶今年多大年纪了？ B：我的奶奶已经不在了。	A：Nǐ de nǎinai jīnnián duōdà niánjìle? 할머니가 올해 연세가 어떻게 되세요? B：Wǒ de nǎinai yǐjīng búzàile. 할머니께서는 이미 돌아가셨어요.
151	男人 nánrén 남자	A：啊！我要把它搬出去。 B：啊呀，这个你搬不动，我们需要一个男人来帮忙。	A：A! Wǒ yào bǎ tā bān chūqu. 아, 난 그것을 옮겨 나갈 거야! B：zhège nǐ bān bú dòng, wǒmen xūyào yígè nánrén lái bāngmáng. 무거워서 옮길 수 없으니 남자의 도움이 필요해요.
152	难 nán 어렵다	A：老师，汉语难不难？ B：一点儿都不难。	A：Lǎoshī, hànyǔ nán bù nán? 선생님, 중국어는 어려워요? B：Yìdiǎnr dōu bù nán. 하나도 안 어려워요.

No.	단어	예문	병음/해석
153	呢 ne ~는?	A：我吃炸酱面。你呢？ B：我也吃炸酱面。	A：Wǒ chī zhá jiàng miàn. Nǐ ne? 저는 자장면을 먹을 거에요. 당신은요? B：Wǒ yě chī zhá jiàng miàn. 저도 자장면을 먹을 거에요.
154	能 néng ~할 수 있다	A：你能早上6点起床吗？ B：我不能。	A：Nǐ néng zǎoshang 6 diǎn qǐchuáng ma? 아침 6시에 일어날 수 있어요? B：Wǒ bùnéng. 6시에 일어날 수 없어요.
155	你 nǐ 너, 당신	A：你好！ B：你好！	A：Nǐ hǎo! 안녕하세요! B：Nǐ hǎo! 안녕하세요!
156	年 nián 년	A：今年是几几年？ B：今年是2016年。	A：Jīnnián shì jǐ jǐ nián? 올해는 몇 년이에요? B：Jīnnián shì 2016 nián. 올해는 2016년이에요.
157	年级 niánjí 학년	A：你妹妹上几年级？ B：我妹妹上大学一年级。	A：Nǐ mèimei shàng jǐ niánjí? 여동생은 몇 학년이에요? B：Wǒ mèimei shàng dàxué yī niánjí. 대학 일학년이에요.

158	鸟 niǎo 새	A：这是什么动物？ B：这是两只小鸟。	A：Zhè shì shénme dòngwù? 이게 무슨 동물이에요? B：Zhè shì liǎng zhī xiǎo niǎo. 이것은 두 마리의 새예요.
159	您 nín 당신	A：您好，请问吃点儿什么？ B：请给我一份牛排。	A：Nín hǎo, qǐngwèn chī diǎn shénme? 안녕하세요! 뭘 좀 드실래요? B：Wǒ yào yí fèn niúpái. 스테이크 하나 주세요.
160	牛奶 niúnǎi 우유	A：你喜欢喝牛奶吗？ B：我喜欢喝牛奶。	A：Nǐ xǐhuān hē niúnǎi ma? 우유를 마시는 것을 좋아해요? B：Wǒ xǐhuān hē niúnǎi. 우유를 마시는 것을 좋아해요.
161	女人 nǚrén 여자	A：男人和女人有什么不同？ B：有人说，男人来自火星，女人来自金星。	A：Nánrén hé nǚrén yǒu shén me bùtóng? 남자가 여자랑 무슨 차이가 있어요? B：Yǒurén shuō, nánrén láizì huǒxīng, nǚrén láizì jīnxīng. 남자는 화성에서 왔고 여자는 금성에서 왔다고 어떤 사람이 말했어요.
162	旁边 pángbiān 옆쪽	A：你家旁边有小河吗？ B：我家旁边有小河。	A：Nǐ jiā pángbiān yǒu xiǎohé ma? 당신 집 옆에 계곡이 있어요?

			B：Wǒjiā pángbiān yǒu xiǎohé. 나의 집 옆에 계곡이 있어요.
163	胖 pàng 뚱뚱하다	A：我太胖了。 B：胖什么胖，你一点儿也不胖！	A：Wǒ tài pàngle. 난 너무 뚱뚱해. B：Pàng shén me pàng, nǐ yì diǎnr yě bú pàng! 뚱뚱하기는! 하나도 안 뚱뚱해.
164	跑步 pǎobù 달리다	A：你经常跑步吗？ B：我不经常跑步。	A：Nǐ jīngcháng pǎobù ma? 달리기 자주 하세요? B：Wǒ bù jīngcháng pǎobù.. 달리기는 자주 안 해요.
165	朋友 péngyou 친구	A：你有中国朋友吗？ B：我有中国朋友。	A：Nǐ yǒu zhōng guó péngyou ma? 중국 친구가 있어요? B：Wǒ yǒu zhōng guó péngyou. 중국 친구가 있어요.
166	漂亮 piàoliang 예쁘다	A：你今天真漂亮！ B：谢谢！	A：Nǐ jīntiān zhēn piàoliang! 당신은 오늘 정말 예뻐요! B：Xièxie! 고마워요.
167	苹果 píngguǒ	A：我送给你一个苹果笔记本	A：Wǒ sòng gěi nǐ yígè píngguǒ bǐjìběn ba?

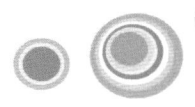 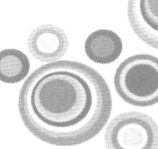

梦想中国语 词汇

	사과	……吧？ B：真的吗？太好了！	내가 애플 노트북 하나 줄게. 어때요? B : Zhēn de ma? Tài hǎole! 정말이요? 너무 좋다!
168	七 qī 7	A：你知道美国人最喜欢什么数字吗？ B：我觉得美国人最喜欢7，lucky7。	A : Nǐ zhīdào měiguó rén zuì xǐhuan shénme shùzì ma? 미국인이 어떤 숫자를 제일 좋아하는지 알아요? B : Wǒ juéde měiguó rén zuì xǐhuan 7. 미국인들은 7을 제일 좋아한다고 생각해요.
169	起床 qǐchuáng 일어나다	A：你每天几点起床？ B：我每天早上七点起床。	A : Nǐ měitiān jǐ diǎn qǐchuáng? 매일 몇시에 일어나요? B : Wǒ měitiān zǎoshang qī diǎn qǐchuáng. 아침 7시에 일어나요.
170	千 qiān 천	A：这杯咖啡多少钱？ B：这杯咖啡五千韩元。	A : Zhè bēi kāfēi duōshǎo qián? 이 커피는 얼마예요? B : Zhè bēi kāfēi wǔqiān hányuán. 이 커피는 오천원이에요.
171	铅笔 qiānbǐ 연필	A：这支铅笔多少钱？ B：不知道，这不是我买的。	A : Zhè zhī qiānbǐ duōshǎo qián? 이 펜이 얼마예요? B : Bù zhīdào, zhè búshì wǒ mǎi de. 제가 산 거 아니라서 잘 모르겠어요.

172	前面 qiánmian 앞, 앞쪽	A：超市在哪儿？ B：超市在前面。	A：Chāoshì zài nǎ'er? 슈퍼는 어디에 있어요? B：Chāoshì zài qiánmiàn. 슈퍼는 앞에 있어요.
173	钱 qián 돈	A：这件衣服多少钱？ B：这件衣服 300 块。	A：Zhè jiàn yīfu duōshǎo qián? 이 옷이 얼마예요? B：Zhè jiàn yīfu 300 kuài. 이 옷이 300 위안이에요.
174	请 qǐng ~하세요	A：你好，请坐，请喝茶。 B：好的，谢谢。	A：Nǐ hǎo, qǐng zuò, qǐng hē chá. 안녕하세요! 앉으세요. 차를 드세요. B：Hǎo de, xièxie. 네, 고마워요.
175	去 qù 가다	A：你要去哪儿？ B：我要去超市。	A：Nǐ yào qù nǎr? 어디에 가시려고요? B：Wǒ yào qù chāo shì. 슈퍼에 가려고요.
176	去年 qùnián 작년	A：去年的这个时候， 你在哪里？ B：我还在中国呢。	A：Qùnián de zhège shíhou, nǐ zài nǎlǐ? 작년 이맘때 어디에 있었어요? B：wǒ hái zài zhōngguó ne. 중국에 있었어요.

177	裙子 qúnzi 치마	A：你喜欢穿长裙子还是短裙子？ B：我喜欢穿不长不短的裙子。	A：Nǐ xǐhuan chuān cháng qúnzi hái shì duǎn qúnzi? 긴 치마 아니면 짧은 치마 중에 어느 것을 좋아해요? B：Wǒ xǐhuan chuān bù cháng bù duǎn de qúnzi. 길지도 않고 짧지도 않은 치마를 좋아해요.
178	让 ràng ~시키다, 하게 하다	A：你妈妈会让你做什么事？ B：妈妈会让我好好儿学习。	A：Nǐ māma huì ràng nǐ zuò shénme shì? 어머니가 무슨 일을 하라고 해요? B：māma huì ràng wǒ hǎohāo er xuéxí. 어머니는 공부를 잘 하라고 해요.
179	热 rè 덥다, 뜨겁다	A：外面热不热？ B：不热。	A：Wàimiàn rè bú rè? 밖에 더워요? B：Bú rè. 안 더워요.
180	认识 rènshi (사람·글자) 알다	A：你认识刘老师吗？ B：我认识刘老师。	A：Nǐ rènshi liú lǎoshī ma? 류 선생님을 아세요? B：Wǒ rènshi liú lǎoshī. 류 선생님을 알아요.
181	三 sān 3	A：这儿有几碗炸酱面？	A：Zhè'er yǒu jǐ wǎn zhá jiàng miàn? 여기 자장면 몇 그릇이 있어요?

		B：这儿有三碗炸酱面。	B：Zhè'er yǒu sān wǎn zhá jiàng miàn. 세 그릇이 있어요.
182	商店 shāngdiàn 상점	A：你去哪儿？ B：我去商店买东西。	A：Nǐ qù nǎ'er? 어디에 가세요? B：Wǒ qù shāngdiàn mǎi dōngxi. 물건을 사러 상점에 가요.
183	上边 shàngbiān 위	A：汉语书在哪儿？ B：在桌子上边。	A：Hànyǔ shū zài nǎ'er? 중국어 책은 어디에 있어요? B：Zài zhuōzi shàngbiān. 책상 위에 있어요.
184	上网 shàngwǎng 인터넷하다	A：你在做什么？ B：我在上网看新闻。	A：Nǐ zài zuò shénme? 무엇을 하고 있어요? B：Wǒ zài shàngwǎng kàn xīnwén. 인터넷 뉴스를 보고 있어요.
185	少 shǎo 적다	A：你少吃点儿吧， 吃得太多很容易胖。 B：没事儿，我从明天开始减肥。	A：Nǐ shǎo chī diǎnr ba, chī de tài duō hěn róngyì pàng. 좀 적게 먹어요. 많이 먹으면 살이 쉽게 쪄요. B：Méishì er, wǒ cóng míngtiān kāishǐ jiǎnféi. 괜찮아요. 내일부터 다이어트를 할 테니까요.

186	谁 shéi/shuí 누구	A：她是谁？ B：她是刘老师。	A：Tā shì shuí? 그 여자가 누구예요? B：Tā shì liú lǎoshī. 그 여자가 류 선생님이에요.
187	身体 shēntǐ 신체, 건강	A：你家人的身体好吗？ B：他们身体都很好。	A：Nǐ jiārén de shēntǐ hǎo ma? 가족들이 건강하세요? B：Tāmen shēntǐ dōu hěn hǎo. 그들은 건강해요.
188	什么 shénme 무엇	A：这是什么？ B：这是水饺。	A：Zhè shì shénme? 이게 무엇이에요? B：Zhè shì shuǐjiǎo. 물만두예요.
189	生病 shēngbìng 아프다	A：你昨天为什么没来学校？ B：我昨天生病了。	A：Nǐ zuótiān wèishénme méi lái xuéxiào? 어제 왜 학교에 안 왔어요? B：Wǒ zuótiān shēngbìngle. 어제 몸이 아팠어요.
190	生日 shēngrì 생일	A：你的生日是几月几号？ B：我的生日是4月23号。	A：Nǐ de shēngrì shì jǐ yuè jǐ hào? 생일은 몇 월 몇 일이에요? B：Wǒ de shēngrì shì 4 yuè 23 hào. 생일은 4월 23일이에요.

191	十 shí 10	A：你每天工作几个小时？ B：我每天工作十个小时。	A : Nǐ měitiān gōngzuò jǐ gè xiǎoshí? 매일 몇 시간 동안 일하세요? B : Wǒ měitiān gōngzuò shí gè xiǎoshí. 하루에 10개 시간 동안 일해요.
192	时候 shíhou 때	A：你什么时候放假？ B：我下个星期放假。	A : Nǐ shénme shíhòu fàngjià? 언제 방학하세요? B : Wǒ xià gè xīngqī fàngjià. 다음주에 방학해요.
193	时间 shíjiān 시간	A：你明天有时间吗？ B：我明天有时间。	A : Nǐ míngtiān yǒu shíjiān ma? 내일은 시간이 있어요? B : Wǒ míngtiān yǒu shíjiān. 내일은 시간이 있어요.
194	是 shì 이다	A：那是什么？ B：那是一座桥。	A : Nà shì shénme? 그것이 뭐예요? B : Nà shì yízuò qiáo. 그것은 하나의 다리예요.
195	事情 shìqing 일, 사건	A：什么事情啊，这么急？ B：我开会要迟到了。	A : Shénme shìqíng a, zhème jí? 이렇게 급한데, 무슨 일 있어요? B : Wǒ kāihuì yào chídàole. 회의에 늦겠어요.

196	手 shǒu 손	A：你用哪只手写字？ B：我用左手写字。	A：Nǐ yòng nǎzhī shǒu xiězì? 너는 어느 손으로 글씨를 쓰느냐요? B：Wǒ yòng zuǒshǒu xiězì. 나는 왼손으로 글씨를 쓴다.
197	瘦 shòu 마르다, 여위다	A：你最近怎么瘦了？ B：我最近在减肥。	A：Nǐ zuìjìn zěnme shòule? 요즘 살이 왜 빠졌어요? B：Wǒ zuìjìn zài jiǎnféi. 요즘 다이어트를 하고 있어요.
198	书包 shū bāo 가방	A：你的书包在哪儿？ B：啊，它在沙发上。	A：Nǐ de shū bāo zài nǎ'er? 당신의 가방은 어디에 있어요? B：A, tā zài shāfā shàng. 아, 소파에 있어요.
199	舒服 shūfu 편안하다	A：这个沙发舒服吗？ B：非常舒服。	A：Zhège shāfā shūfu ma? 이 소파가 편안해요? B：Fēicháng shūfu. 아주 편안해요.
200	水 shuǐ 물	A：你要喝水吗？ B：我要喝水。	A：Nǐ yào hē shuǐ ma? 물 좀 마실래요? B：Wǒ yào hē shuǐ. 물 마실 거예요.

梦想中国语 词汇

201	水果 shuǐguǒ 과일	A：你喜欢吃水果吗？ B：我喜欢吃水果。	A：Nǐ xǐhuan chī shuǐguǒ ma? 과일을 좋아해요? B：Wǒ xǐhuan chī shuǐguǒ. 과일을 좋아해요.
202	睡觉 shuìjiào 잠을 자다	A：你每天几点睡觉？ B：我每天晚上11点睡觉。	A：Nǐ měitiān jǐ diǎn shuìjiào? 매일 몇 시에 자요? B：Wǒ měitiān wǎnshàng 11 diǎn shuìjiào. 매일 밤 11시에 자요.
203	说话 shuōhuà 말하다	A：你喜欢和谁说话？ B：我喜欢和朋友说话。	A：Nǐ xǐhuan hé shuí shuōhuà? 누구랑 이야기하는 것을 좋아해요? B：Wǒ xǐhuan hé péngyou shuōhuà. 친구랑 이야기하는 것을 좋아해요.
204	四 sì 사	A：这儿有几棵树？ B：这儿有四棵树。	A：Zhè'er yǒu jǐ kē shù? 여기에 나무 몇 그루가 있어요? B：Zhè'er yǒu sì kē shù. 여기에 나무 네 그루가 있어요.
205	送 sòng 주다, 보내다	A：这个笔记本是谁送给你的？ B：这个笔记本是我过生日的	A：Zhège bǐjìběn shì shuí sòng gěi nǐ de? 이 노트북은 누가 준 거에요? B：Zhège bǐjìběn shì wǒguò shēngrì de shíhou wǒ de péngyou sòng gěi wǒ de.

		时候我的朋友送给我的。	제 생일 땐 친구가 선물해 준 거에요.
206	岁 suì (연령) 살, 세	A：你妹妹今年几岁？ B：我妹妹今年22岁。	A：Nǐ mèimei jīnnián jǐ suì? 여동생이 올해 몇 살이에요? B：Wǒ mèimei jīnnián 22 suì. 제 여동생은 올해 22살이에요.
207	所以 suǒyǐ 그래서	A：今天怎么这么暖和？ B：因为春天到了。	A：Jīntiān zěnme zhème nuǎnhuo? 오늘 왜 이렇게 따뜻해요？ B：Yīnwèi chūntiān dàole.. 봄이 와서 날씨가 따뜻해졌어요.
208	他 tā 그	A：你认识他吗？ B：我知道他是谁，但是我不认识他。	A：Nǐ rènshi tā ma? 그분을 아세요？ B：Wǒ zhīdào tā shì shuí, dànshì wǒ bú rènshi tā. 누군지는 아는데 모르는 사이에요..
209	她 tā 그녀	A：她是谁？ B：她是我的朋友。	A：Tā shì shuí? 그 여자가 누구예요？ B：Tā shì wǒ de péngyou. 그 여자는 제 친구예요.
210	它 tā	A：这幅画是谁画的？	A：Zhè fú huà shì shuí huà de?

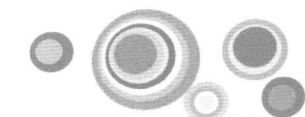

	그것	B：它是我的一个朋友画的。	이 그림은 누가 그린 거예요? B : Tā shì wǒ de yígè péngyou huà de. 제 친구가 그린 거예요.
211	太 tài 너무	A：中国菜好吃吗? B：太好吃了。	A : Zhōngguó cài hǎo chī ma? 중국 요리가 맛있어요? B : Tài hǎo chīle. 너무 맛있어요.
212	太阳 tàiyáng 태양	A：太阳从哪边落山? B：太阳从西边落山。	A : Tàiyáng cóng nǎ biān luòshān? 해가 어느 쪽 산너머로 져요? B : Tàiyáng cóng xībiān luòshān. 해가 서쪽 산너머로 져요.
213	疼 téng 아프다	A：你哪里不舒服? B：我头疼。	A : Nǐ nǎli bù shūfu? 어디 아파요? B : Wǒ tóuténg. 머리가 좀 아파요.
214	踢足球 tīzúqiú 축구를 하다	A：你喜欢踢足球吗? B：我不喜欢踢足球。	A : Nǐ xǐhuan tī zúqiú ma? 축구를 하는 것을 좋아해요? B : Wǒ bù xǐhuan tī zúqiú. 축구를 하는 것을 안 좋아해요.
215	天气 tiānqì 날씨	A：今天天气好吗?	A : Jīntiān tiānqì hǎo ma? 오늘 날씨가 좋아요?

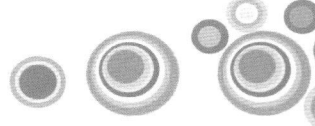

梦想中国语 词汇

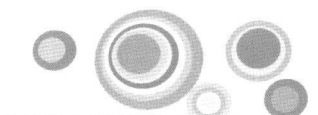

#	단어	대화 (中)	대화 (拼音/韓)
		B：今天天气很好。	B：Jīntiān tiānqì hěn hǎo. 오늘 날씨가 좋아요.
216	跳舞 tiàowǔ 춤을 추다	A：你会跳舞吗？ B：我会跳舞。	A：Nǐ huì tiàowǔ ma? 춤을 출 줄 알아요? B：Wǒ huì tiàowǔ.. 춤을 출 줄 알아요.
217	听 tīng 듣다	A：听说你最近要结婚了？ B：是啊，你听谁说的？	A: Tīng shuō nǐ zuìjìn yào jiéhūnle? 듣기로 요즘 결혼할 거라면서요? B: Shì a, nǐ tīng shuí shuō de? 네, 누구한테서 들었어요?
218	同学 tóngxué 동창,학우	A：她是谁？ B：她是我同学。	A：Tā shì shuí? 그 여자가 누구예요? B：Tā shì wǒ tóngxué. 제 친구예요.
219	头发 tóufa 머리카락	A：你喜欢长头发还是短头发？ B：我喜欢长头发。	A：Nǐ xǐhuan cháng tóufà háishì duǎn tóufà? 긴 머리 아니면 짧은 머리 중에 어느 것을 좋아하세요? B：Wǒ xǐhuan cháng tóufà. 긴 머리를 좋아해요.
220	外面 wàimiàn	A：外面热吗？	A：Wàimiàn rè ma?

梦想中国语 词汇

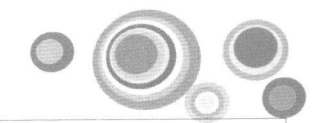

	밖	B：外面很热。	밖에 더워요? B：Wàimiàn hěn rè. 밖에 아주 더워요.
221	完 wán 끝내다,완성하다	A：你吃完了吗? B：我都吃完了。	A：Nǐ chī wánle ma? 다 먹었어요? B：Wǒ dōu chī wánle. 다 먹었어요.
222	玩 wán 놀다	A：你喜欢玩电脑游戏吗? B：我喜欢玩电脑游戏。	A：Nǐ xǐhuān wán diànnǎo yóuxì ma? 컴퓨터 게임을 좋아해요? B：Wǒ xǐhuān wán diànnǎo yóuxì. 컴퓨터 게임을 좋아해요.
223	晚上 wǎnshang 저녁	A：你晚上一般做什么? B：我一般在家看电视。	A：Nǐ wǎnshàng yìbān zuò shénme? 보통 저녁에 뭘 하세요? B：Wǒ yìbān zàijiā kàn diànshì. 보통 집에서 TV를 봐요.
224	喂 wéi/wèi 여보세요, 어이	A：喂，你好? B：你好，请问是刘老师吗?	A：Wéi, nǐ hǎo? 여보세요? 안녕하세요? B：Nǐ hǎo, qǐngwèn shì liú lǎoshī ma? 안녕하세요, 실례지만 류선생님이세요?

225	为什么 wèishénme 왜	A：你为什么喜欢在公园散步？ B：因为这儿空气很好。	A：Nǐ wèishénme xǐhuan zài gōngyuán sànbù? 공원에서 산책하는 것을 왜 좋아해요? B：Yīnwèi zhè'er kōngqì hěn hǎo. 여기서 공기가 좋으니까요.
226	问 wèn 묻다	A：这道题怎么做？ B：你可以去问老师。	A：Zhè dào tí zěnme zuò? 이 문제는 어떻게 풀려요? B：Nǐ kěyǐ qù wèn lǎoshī. 선생님께 여쭤봐도 돼요.
227	问题 wèntí 질문	A：你能帮我买一杯咖啡吗？ B：没问题。	A：Nǐ néng bāng wǒ mǎi yìbēi kāfēi ma? 커피 한잔 사 주실래요? B：Méi wèntí. 문제 없어요.
228	我 wǒ 나	A：你是老师吗？ B：是的，我是老师。	A：Nǐ shì lǎoshī ma? 선생님이세요? B：Shì de, wǒ shì lǎoshī. 네, 전 선생님이에요.
229	我们 wǒmen 우리(들)	A：我们一起去吃饭吧。 B：好啊。	A：Wǒmen yìqǐ qù chīfàn ba. 우리 같이 밥을 먹읍시다. B：Hǎo a.

			좋아요.
230	五 wǔ 5	A：桌子上有几个碗？ B：桌子上有五个碗。	A：Zhuōzi shàng yǒu jǐ gè wǎn? 테이블 위에 그릇이 몇 개 있어요? B：Zhuōzi shàng yǒu wǔ gè wǎn. 다섯 개가 있어요.
231	西瓜 xīguā 수박	A：一个西瓜多少钱？ B：一个西瓜20000块。	A：Yígè xīguā duōshǎo qián? 수박 하나가 얼마예요? B：Yígè xīguā 20000 kuài. 20000원이에요.
232	喜欢 xǐhuan 좋아하다	A：你最喜欢什么颜色？ B：我最喜欢橙色。	A：Nǐ zuì xǐhuan shénme yánsè? 어떤 색깔을 제일 좋아해요? B：Wǒ zuì xǐhuan chéngsè. 오렌지 색을 제일 좋아해요.
233	洗澡 xǐzǎo 목욕하다	A：你习惯早上还是晚上洗澡？ B：我习惯早上洗澡。	A：Nǐ xíguàn zǎoshang háishì wǎnshàng xǐzǎo? 아침과 저녁 중 언제 목욕하는 게 습관이에요? B：Wǒ xíguàn zǎoshang xǐzǎo. 아침에 목욕하는 게 습관이에요.
234	下 xià 아래	A：下个月休假，	A：Xià gè yuè xiūjià, nǐ dǎsuàn qù nǎ'er? 다음 달은 휴가인데 어디로 갈 계획이에요?

		你打算去哪儿？ B：我打算回中国看看朋友和家人。	B：Wǒ dǎsuàn huí zhōngguó kàn kàn péngyou hé jiārén. 중국에 돌아가서 친구와 가족을 만날 계획이에요.
235	下雪 xiàxuě 눈이 내리다	A：你喜欢下雪吗？ B：我喜欢下雪。	A：Nǐ xǐhuān xià xuě ma? 눈이 내리는 게 좋아요? B：Wǒ xǐhuān xià xuě. 눈이 내리는 게 좋아요.
236	先生 xiānsheng 미스터,~씨	A：那位先生是谁？ B：那位先生是雷军。	A：Nà wèi xiānshēng shì shuí? 그 분은 누구예요? B：Nà wèi xiānshēng shì léijūn. 그 분이 레이 쥔이에요.
237	现在 xiànzài 지금, 현재	A：你现在累吗？ B：我现在很累。	A：Nǐ xiànzài lèi ma? 지금 피곤해요? B：Wǒ xiànzài hěn lèi. 지금 많이 피곤해요.
238	香蕉 xiāngjiāo 바나나	A：你喜欢喝香蕉牛奶吗？ B：我喜欢喝香蕉牛奶。	A：Nǐ xǐhuan hē xiāngjiāo niúnǎi ma? 바나나 우유를 좋아해요? B：Wǒ xǐhuan hē xiāngjiāo niúnǎi. 바나나 우유를 좋아해요.

239	想 xiǎng 생각하다	A：你在想什么？ B：我在想晚饭吃什么。	A：Nǐ zài xiǎng shénme? 무엇을 생각하고 있어요? B：Wǒ zài xiǎng wǎnfàn chī shénme. 저녁에 뭘 먹을지 생각하고 있어요.
240	小 xiǎo 작다	A：你喜欢小狗还是大狗？ B：我喜欢小狗。	A：Nǐ xǐhuān xiǎo gǒu háishì dà gǒu? 강아지랑 큰 개 중에 무엇을 더 좋아해요? B：Wǒ xǐhuān xiǎo gǒu. 강아지를 좋아해요.
241	小姐 xiǎojiě 아가씨	A：小姐您好，请问喝点什么？ B：我要一杯咖啡，谢谢。	A：Xiǎojiě nín hǎo, qǐngwèn hē diǎn shénme? 아가씨, 안녕하세요? 뭘 드실래요? B：Wǒ yào yìbēi kāfēi, xièxie. 커피 한 잔 주세요. 감사합니다.
242	小时 xiǎoshí 시간	A：你每天睡几个小时觉？ B：我每天睡8个小时的觉。	A：Nǐ měitiān shuì jǐ gè xiǎoshí jiào? 매일 몇 시간 동안 자요? B：Wǒ měitiān shuì 8 gè xiǎoshí de jiào. 매일 8시간 동안 자요.
243	笑 xiào 웃다	A：你为什么一直笑？ B：因为我很开心。	A：Nǐ wèishénme yìzhí xiào? 왜 계속 웃고 있어요? B：Yīnwèi wǒ hěn kāixīn.

#	단어	대화 (중국어)	대화 (병음 / 한국어)
			기분이 너무 좋으니까요.
244	些 xiē 조금, 약간	A: 这些书你都读过吗? B: 读是读过，但是都忘了。	A: Zhèxiē shū nǐ dōu dúguò ma? 이 책들을 다 읽어 봤어요? B: Dú shì dúguò, dànshì dōu wàngle. 읽긴 했는데 무슨 내용인지 잊어버렸어요.
245	鞋 xié 신발	A: 你的鞋是在哪里买的? B: 是在附近的鞋店买的。	A: Nǐ de xié shì zài nǎlǐ mǎi de? 신발이 어디서 산 거에요? B: Shì zài fùjìn de xié diàn mǎi de. 근처 신발 가게에서 산 거에요.
246	写 xiě (글씨를) 쓰다	A: 你写汉字真好看。 B: 谢谢。	A: Nǐ xiě hànzì zhēn hǎokàn. 한자를 정말 예쁘게 쓰네요. B: Xièxie. 감사합니다.
247	谢谢 xièxie 감사합니다	A: 这是给你的礼物。 B: 谢谢!	A: Zhè shì gěi nǐ de lǐwù. 이것은 당신께 드리는 선물이에요. B: Xièxie! 감사합니다!
248	新 xīn 새롭다	A: 这件衣服是你新买的吗? B: 是的，我昨天在网上买的。	A: Zhè jiàn yīfu shì nǐ xīn mǎi de ma? 이 옷이 새로 산 거에요? B: Shì de, wǒ zuótiān zài wǎngshàng mǎi de.

			네, 어제 인터넷에서 산 거예요.
249	星期 xīngqī 요일, 주	A：明天是星期几？ B：明天是星期天。	A：Míngtiān shì xīngqī jǐ? 내일은 무슨 요일이에요? B：Míngtiān shì xīngqītiān. 내일은 일요일이에요.
250	熊猫 xióngmāo 판다	A：熊猫的眼睛是什么颜色？ B：熊猫的眼睛是黑色的。	A：Xióngmāo de yǎnjīng shì shénme yánsè? 판다의 눈이 어떤 색깔이에요? B：Xióngmāo de yǎnjīng shì hēisè de. 판다의 눈이 검은 색깔이에요.
251	休息 xiūxi 쉬다	A：我能休息一会儿吗？ B：好吧，我们休息5分钟。	A：Wǒ néng xiūxi yíhuì'er ma? 잠깐 쉬어도 돼요? B：Hǎo ba, wǒmen xiūxi 5 fēnzhōng. 그래요. 5분 쉽시다.
252	学生 xuéshēng 학생	A：你是学生吗？ B：我是学生。	A：Nǐ shì xuéshēng ma? 학생이에요? B：Wǒ shì xuéshēng. 학생이에요.
253	学习 xuéxí 공부하다	A：你一天学习几个小时？	A：Nǐ yìtiān xuéxí jǐ gè xiǎoshí? 하루에 몇 시간 동안 공부해요?

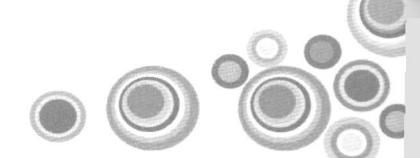

梦想中国语　词汇

		B：我一天学习五个小时。	B：Wǒ yìtiān xuéxí wǔ ge xiǎoshí. 하루에 다섯 시간 동안 공부해요.
254	学校 xuéxiào 학교	A：你的学校在哪儿？ B：我的学校在北京。	A：Nǐ de xuéxiào zài nǎ'er? 학교는 어디에 있어요? B：Wǒ de xuéxiào zài běijīng. 학교는 북경에 있어요.
255	颜色 yánsè 색깔	A：中国人都喜欢什么颜色？ B：中国人都挺喜欢红色的。	A：Zhōngguó rén dōu xǐhuān shénme yánsè? 중국 사람들은 어떤 색깔을 좋아해요? B：Zhōngguó rén dōu tǐng xǐhuān hóngsè de. 중국 사람들은 빨간색을 꽤 좋아해요.
256	眼睛 yǎnjing 눈	A：我的眼睛漂亮吗？ B：漂亮。	A：Wǒ de yǎnjīng piàoliang ma? 제 눈이 예뻐요? B：Piàoliang. 예뻐요.
257	药 yào 약	A：我牙疼，你有止痛药吗？ B：没有了， 我出去给你买点儿吧。	A：Wǒ yá téng, nǐ yǒu zhǐtòng yào ma? 이빨이 아파요. 진통제가 있어요? B：Méiyǒule, wǒ chūqù gěi nǐ mǎi diǎnr ba. 없어요. 내가 나가서 좀 사줄게요.
258	要 yào ~하려고 하	A：你要来点儿什么？	A：Nǐ yào lái diǎnér shénme?

72

	다, 원하다	B：我要一杯牛奶。	뭘 드시겠어요? B：Wǒ yào yìbēi niúnǎi. 우유 한잔 주세요.
259	爷爷 yéye 할아버지	A：你的爷爷多大年纪? B：我的爷爷去世了。	A：Nǐ de yéye duōdà niánjì? 할아버지의 연세가 어떻게 되세요? B：Wǒ de yéye qùshìle. 저의 할아버지께서는 돌아가셨어요.
260	也 yě ~도	A：我爱吃肉，你呢? B：我也爱吃肉。	A：Wǒ ài chī ròu, nǐ ne? 저는 고기를 좋아해요. 당신은요? B：Wǒ yě ài chī ròu. 나도 고기를 좋아해요.
261	一 yī 1	A：这是什么? B：这是一棵树。	A：Zhè shì shénme? 이것은 뭐예요? B：Zhè shì yì kē shù. 이것은 한 그루의 나무예요.
262	衣服 yīfu 옷	A：你喜欢穿什么颜色的衣服? B：我喜欢穿黑色的衣服。	A：Nǐ xǐhuan chuān shénme yánsè de yīfu? 어떤 색깔의 옷을 입는 것을 좋아해요? B：Wǒ xǐhuan chuān hēisè de yīfu. 검은 색 옷을 입는 것을 좋아해요.
263	医生	A：你爸爸的工作是什么?	A：Nǐ bàba de gōngzuò shì shénme?

	yīshēng 의사	B：我爸爸是医生。	아빠의 직업은 무엇이에요? B：Wǒ bàba shì yīshēng. 아빠는 의사이에요.
264	医院 yīyuàn 병원	A：请问，医院在哪儿？ B：在那儿。	A：Qǐngwèn, yīyuàn zài nǎ'er? 실례지만 병원이 어디인가요? B：Zài nà'er. 거기예요.
265	椅子 yǐzi 의자	A：这把椅子是在哪儿买的？ B：是在网上买的。	A：Zhè bǎ yǐzi shì zài nǎ'er mǎi de? 이 의자는 어디서 산 거에요? B：Shì zài wǎngshàng mǎi de. 인터넷에서 산 거에요.
266	一起 yìqǐ 함께,같이	A：我们一起出去玩儿吧。 B：不行，我得学习。	A：Wǒmen yìqǐ chūqù wánr ba. 우리 같이 나가서 놀자. B：Bùxíng, wǒ děi xuéxí. 안 돼요. 난 공부를 해야 돼요.
267	意思 yìsi 의미, 뜻	A：老师， 惜时如金是什么意思？ B：是时间很重要的意思。	A：Lǎoshī, xī shí rú jīn shì shénme yìsi? 선생님, 惜时如金 무슨 뜻이에요? B：Shì shíjiān hěn zhòngyào de yìsi. 시간이 중요하다는 뜻이에요.

268	因为 yīnwèi ~때문에	A：你为什么喜欢来这儿吃饭？ B：因为这儿的菜又好吃又便宜。	A：Nǐ wèishénme xǐhuan lái zhè'er chīfàn? 여기에 와서 밥을 먹는 것을 왜 좋아해요? B：Yīnwèi zhè'er de cài yòu hǎo chī yòu piányi. 여기의 음식은 맛도 있고 가격도 싸서 그래요.
269	游泳 yóuyǒng 수영하다	A：你会游泳吗？ B：我不会游泳。	A：Nǐ huì yóuyǒng ma? 수영을 할 줄 알아요? B：Wǒ bú huì yóuyǒng. 수영을 할 줄 몰라요.
270	有 yǒu 있다	A：你有手机吗？ B：我有手机。	A：Nǐ yǒu shǒujī ma? 핸드폰이 있어요? B：Wǒ yǒu shǒujī. 핸드폰이 있어요.
272	右边 yòubian 오른쪽	A：服务员，请给我一杯冰水。 B：冰水在您的右边。	A：Fúwùyuán, qǐng gěi wǒ yìbēi bīng shuǐ. 웨이터, 얼음물 한잔 주세요. B：Bīng shuǐ zài nín de yòubiān. 얼음물은 손님 오른쪽에 있어요.
272	鱼 yú 물고기	A：这里面有鱼吗？ B：这里面有很多鱼。	A：Zhè lǐmiàn yǒu yú ma? 여기 안에 물고기가 있어요?

			B：Zhè lǐmiàn yǒu hěnduō yú.
			여기 안에 물고기가 많아요.
273	雨伞 yǔsǎn 우산	A：哎呀，下雨了， 你带雨伞了吗？ B：没有啊。怎么办啊？ A：我们坐出租车回去吧。 B：哦，只能这样了。	A：Āiya, xià yǔle, nǐ dài yǔsǎnle ma? 아이구, 비가 왔어요. 우산을 가져 왔어요? B：Méiyǒu a, zěnmebàn a? 안 가져 왔는데 어떻게 해요? A：Wǒmen zuò chūzū chē huíqù ba. 택시를 타고 집에 가자. B：Ó, zhǐ néng zhèyàngle. 네, 그럴 수밖에 없네요.
274	远 yuǎn 멀다	A：你家离学校远吗？ B：我家离学校不远。	A：Nǐ jiā lí xuéxiào yuǎn ma? 당신의 집은 학교로부터 멀어요? B：Wǒjiā lí xuéxiào bù yuǎn. 나의 집은 학교로부터 안 멀어요.
275	月 yuè 월	A：你的生日是几月几号？ B：我的生日是1月1号。	A：Nǐ de shēngrì shì jǐ yuè jǐ hào? 생일은 몇 월 몇 일이에요? B：Wǒ de shēngrì shì 1 yuè 1 hào. 생일은 1월 1일이에요.
276	月亮 yuèliang 달	A：今天晚上能看见月亮吗？ B：看不到。	A：Jīntiān wǎnshàng néng kànjiàn yuèliang ma? 오늘 밤에 달이 보여요? B：kàn bú dào. 안 보여요.

277	运动 yùndòng 운동	A：你每天运动几个小时？ B：1个小时。	A: Nǐ měitiān yùndòng jǐ gè xiǎoshí? 매일 몇 시간 동안 운동하세요? B: 1 gè xiǎoshí. 매일 1시간 동안 운동해요.
278	在 zài ~에 있다, 에서	A：你在哪儿？ B：我在办公室。	A: Nǐ zài nǎ'er? 어디에 있어요? B: Wǒ zài bàngōngshì. 사무실에 있어요.
279	再 zài 다시	A：这些葡萄真好吃。 B：我们明天再去买点儿吧。	A: Zhèxiē pútao zhēn hǎo chī. 이 포도가 정말 맛있어요. B: Wǒmen míngtiān zài qù mǎi diǎnr ba. 내일 가서 좀 더 사자.
280	再见 zàijiàn 또 봬요.	A：我们明天见。 B：好的，再见。	A: Wǒmen míngtiān jiàn. 우리는 내일 봅시다. B: Hǎo de, zàijiàn. 네, 안녕히 가세요.
281	早上 zǎoshang 아침	A：你早上运动吗？ B：我早上不运动。	A: Nǐ zǎoshang yùndòng ma? 아침에 운동해요? B: Wǒ zǎoshang bú yùndòng. 아침에 운동을 안 해요.

#	单词	例句	拼音/翻译
282	怎么 zěnme 어떻게	A: 这个字怎么写？ B: 这样写。	A: Zhège zì zěnme xiě? 이 글씨는 어떻게 써요? B: Zhèyàng xiě. 이렇게 써요.
283	怎么样 zěnmeyàng 어때요?	A: 霏霏，今天天气怎么样？ B: 今天天气很热，很热！	A: Fēifēi, jīntiān tiānqì zěnme yàng? 비비, 오늘 날씨가 어때요? B: Jīntiān tiānqì hěn rè, hěn rè! 오늘 날씨가 너무 더워요. 너무 더워요.
284	着急 zháojí 조급해하다	A: 你怎么这么着急？ B: 我上班要迟到了。	A: Nǐ zěnme zhème zháojí? 왜 이렇게 급해요? B: Wǒ shàngbān yào chídàole. 일에 지각하겠어요.
285	找 zhǎo 찾다	A: 我找不到我的手机了。 B: 再找找。	A: Wǒ zhǎo bú dào wǒ de shǒujīle. 전 핸드폰을 못 찾았어요. B: Zài zhǎo zhǎo. 다시 찾아봐요.
286	这 zhè 이, 이것	A: 这是什么？ B: 这是一条小河。	A: Zhè shì shénme? 이게 뭐예요? B: Zhè shì yìtiáo xiǎohé. 이게 한 작은 강이에요.

287	真 zhēn 진짜	A：这个蛋糕好吃吗？ B：真好吃。	A：Zhège dàngāo hǎo chī ma? 이 케이크가 맛있어요? B：Zhēn hǎo chī. 정말 맛있어요.
288	只 zhǐ 단지, 오직	A：你会做饭吗？ B：我只会做拉面。	A：Nǐ huì zuò fàn ma? 밥을 할 줄 알아요? B：Wǒ zhǐ huì zuò lāmiàn. 라면만 할 줄 알아요.
289	知道 zhīdào 알다	A：你知道你的中文名字怎么写吗？ B：我知道。	A：Nǐ zhīdào nǐ de zhōngwén míngzi zěnme xiě ma? 자신의 중국어 이름을 어떻게 쓰는지 아세요? B：Wǒ zhīdào. 알아요.
290	中国人 zhōngguórén 중국 사람	A：你是哪国人？ B：我是中国人。	A：Nǐ shì nǎ guórén? 어느 나라 사람이에요? B：Wǒ shì zhōngguó rén. 중국 사람이에요.
291	中午 zhōngwǔ 정오,점심	A：中午吃什么？ B：吃韩餐吧。	A：Zhōngwǔ chī shénme? 점심은 뭘 먹을까요?

			B：Chī hán cān ba.
			한식을 먹읍시다.
292	桌子 zhuōzi 책상	A：我的手机在哪儿？ B：在桌子上。	A：Wǒ de shǒujī zài nǎ'er? 내 핸드폰이 어디에 있어요? B：Zài zhuōzi shàng. 책상에 있어요.
293	自己 zìjǐ 자기, 자신, 스스로	A：你自己打扫房间吗？ B：我自己打扫房间。	A：Nǐ zìjǐ dǎsǎo fángjiān ma? 혼자서 방을 청소해요? B：Wǒ zìjǐ dǎsǎo fángjiān. 혼자서 방을 청소해요.
294	自行车 zìxíngchē 자전거	A：哪辆自行车是你的？ B：这辆自行车是我的。	A：Nǎ liàng zìxíngchē shì nǐ de? 어느 자전거가 당신의 거예요? B：Zhè liàng zìxíngchē shì wǒ de. 이 자전가 제 거예요.
295	走 zǒu 걷다	A：你怎么去学校？ B：我走着去学校。	A：Nǐ zěnme qù xuéxiào? 어떻게 학교에 가요? B：Wǒ zǒuzhe qù xuéxiào. 걸어서 학교에 가요.
296	最 zuì 가장, 제일	A：你最喜欢谁？	A：Nǐ zuì xǐhuan shuí? 누구를 제일 좋아해요?

			B：我最喜欢我妈妈。	B : Wǒ zuì xǐhuan wǒ māma. 제 엄마를 제일 좋아해요.
297	昨天 zuótiān 어제		A：昨天是星期几？ B：昨天是星期四。	A : Zuótiān shì xīngqī jǐ? 어제는 무슨 요일이었나요? B : Zuótiān shì xīngqīsì. 어제는 목요일이었어요.
298	左边 zuǒbian 왼쪽		A：请问，筷子在哪里？ B：筷子在您左边的抽屉里。	A : Qǐngwèn, kuàizi zài nǎlǐ? 실례하지만 젓가락이 어디에 있어요? B : Kuàizi zài nǐ zuǒbiān de chōuti lǐ. 젓가락은 손님 왼쪽의 서랍에 있어요.
299	坐 zuò 앉다		A：您好，请坐！ B：谢谢！	A : Nín hǎo, qǐng zuò! 안녕하십니까? 앉으세요! B : Xièxie! 감사합니다!
300	做 zuò 하다		A：你每天做几个小时运动？ B：我每天做1个小时运动。	A: Nǐ měitiān zuò jǐ gè xiǎoshí yùndòng? 매일 몇 시간 동안 운동하세요? B: Wǒ měitiān zuò 1 gè xiǎoshí yùndòng. 매일 1시간 동안 운동해요.